Dieses Buch gehört:

....

Petronella
Apfelmus

Sabine Städing

Petronella Apfelmus

Das Adventskalenderbuch

Mit Illustrationen von
SaBine Büchner

Boje

Eine süße Überraschung

Mit einem Ruck zog Lea Kuchenbrand die Vorhänge zurück und traute ihren Augen kaum. »Luis! Luis, komm schnell, es hat geschneit!«, rief sie. »Sieht das nicht schön aus?«

»Es ist ja noch ganz dunkel«, brummte ihr Bruder.

»Aber auf der Fensterbank liegt der Schnee bereits ganz hoch, und in der Backstube brennt auch schon Licht.«

»Ob Petronella den Schnee bestellt hat?«, fragte Luis und zog sich an.

»Vielleicht«, sagte Lea. »Aber jetzt beeil dich, bevor Papa ohne uns mit dem Backen anfängt.«

Es hatte inzwischen Tradition, dass Herr Kuchenbrand mit seinen Kindern am 1. Dezember Lebkuchen backte, um sie an ihre Gäste im Café zu verschenken. Extra dafür hatte er Ausstechförmchen mit lustigen Motiven besorgt. Luis' Favorit war das kleine Doppeldeckerflugzeug, das mit Zuckerguss aus roter Beete so richtig schön leuchtete. Lea mochte die sitzende Katze am allerliebsten. Doch diesmal hatten sich die Zwillinge etwas ganz Besonderes ausgedacht: Weshalb sollten sich nur die Gäste der »Zaubermühle« über die leckeren Lebkuchen freuen? Am Abend zuvor hatten die Kinder daher ganz besondere Schablonen angefertigt. Lea hatte eine Hexe mit großem Hexenhut und einen Käfer mit mächtigen Greifzangen gezeichnet und ausgeschnitten. Luis hatte sich für die Apfelmännchen-Schablone entschieden, weil sie leichter war.

Die Schablonen fest in der Hand, stießen sie nun die Tür zur Backstube auf. »Guten Morgen, Papa!«, riefen sie.

»Guten Morgen, ihr Schlafmützen«, lachte Herr Kuchenbrand. »Ich wollte gerade ohne euch anfangen.«

»Das musst du auch«, sagte Lea.

Erstaunt sah ihr Vater sie an.

»Keine Angst. Wir helfen dir natürlich beim Backen«, erklärte Lea. »Aber zuerst wollen wir unsere eigenen Schablonen ausprobieren.«

»Du musst uns bloß etwas Teig abgeben. Dann sind wir ruckzuck fertig«, grinste Luis.

»Na, da bin ich mal gespannt«, sagte Herr Kuchenbrand und gab jedem einen Klumpen Lebkuchenteig.

Lea und Luis machten sich sofort an die Arbeit. Mit großem Eifer rollten sie den Teig aus, legten die Schablonen darauf und zeichneten die Umrisse mit einem Messer nach. Anschließend legten sie die Figuren ganz vorsichtig auf das Backblech. Ihr Vater warf immer wieder einen neugierigen Blick in ihre Richtung. Dann hielt er es nicht mehr aus. »Was backt ihr denn da Schönes?«, fragte er und betrachtete die Umrisse, die vor ihm auf dem Backblech lagen.

»Erkennst du, was das ist?«, fragte Lea.

»Hm … Das ist jemand mit einem sehr großen Hut«, antwortete der Bäckermeister nachdenklich. »Ich hab's!«, rief er dann. »Du backst einen Mexikaner, der einen Sombrero trägt! Und du …« Er deutete auf Luis. »Du backst den Kaktus dazu.«

Lea kicherte. »Falsch, Papa! Das ist eine Hexe, und Luis backt ein Apfelmännchen.«

»Ein Apfelmännchen? Was soll das denn sein?«

»Eine Art Kobold«, sagte Luis schnell. »Wenn wir die Lebkuchen verziert haben, wirst du es erkennen.« Und wirklich. Mit farbigem Zuckerguss, Augen aus Korinthen und Nasen aus Zitronat hatte auch Herr Kuchenbrand an Hexe, Käfer und Apfelmännchen keinen Zweifel mehr. Dann musste der Zuckerguss bloß noch trocknen.

»Wie lange dauert das wohl?«, fragte Luis.

»Heute Nachmittag sind sie fertig«, antwortete sein Vater.

Die Zwillinge konnten es kaum erwarten. Sobald der Zuckerguss getrocknet war, banden sie der kleinen Lebkuchenhexe, dem Käfer und den Apfelmännchen rote Schleifen um den Bauch und liefen hinaus in den dunklen Garten. Es dämmerte bereits, und der Schnee glitzerte, als hätte man eine Handvoll Diamanten darüber ausgestreut. Als Erstes liefen die beiden zu Petronellas Apfelbaum. Leise kletterten sie die magische Strickleiter hinauf und hängten die kleine Lebkuchenhexe und den Käfer an die Türklinke. Dann stiegen sie wieder hinunter und zogen an der Klingelschnur, die Petronella extra für sie angebracht hatte. Oben läutete die Glocke, und die Haustür wurde geöffnet. »Oooh, Lucius, schau mal …! Es müssen zwei Weihnachtselfen hier gewesen sein«, hörte man Petronellas entzückte Stimme.

Lea und Luis lachten und huschten so leise wie möglich davon. Ihr nächstes Ziel war Gurkenhuts Behausung. Dort legten die Kinder ihre süßen Gaben für die Apfelmännchen vor die kleine Tür, die sich gut versteckt zwischen den Wurzeln eines alten Apfelbaums befand. »Hoffentlich finden sie sie, bevor die Lebkuchen weich werden«, sagte Lea.

»Werden sie schon«, lachte Luis. Er klopfte dreimal gegen die Tür, dann sprangen die Zwillinge schnell hinter den nächsten Baum. Sie brauchten nicht lange zu warten. Gurkenhut, der Chef der Apfelmännchen, öffnete und spähte in die Dunkelheit. Dann fiel sein Blick auf die Lebkuchen. »Männer, seht euch das an!«, rief er. »Man hat Plätzchen aus uns gemacht.«

»Die sehen aber lecker aus, Chef!«, griente Spargelzahn. »Gib mir mal den Langen da. Ich glaube, das bin ich.«

Lea und Luis strahlten vor lauter Freude. Selbst als sie längst in ihren Betten lagen, bekamen sie das Lächeln nicht aus dem Gesicht. »Ist es nicht schön, anderen eine Freude zu machen?«, fragte Lea glücklich.

Luis nickte. »Voll cool. Ich werde mich im nächsten Jahr als Weihnachtself bewerben. Das ist sicher.«

Weiche Apfelplätzchen

*Was darf bei einer Apfelhexe
in der Adventszeit auf gar keinen Fall fehlen?
Richtig, Apfelplätzchen! Petronella heizt schon einmal
den Ofen vor. Fehlen nur noch die Plätzchen.*

~ für etwa 20 Stück ~

100 g weiche Butter
60 g Zucker
250 g Mehl
2 Teelöffel Backpulver
1 Päckchen Vanillezucker
2 Eier
2 Äpfel

Tipp:
Die fertigen
Apfelplätzchen vor
dem Servieren
mit Puderzucker
bestäuben.

Und so geht's:

Teig. Währenddessen den Backofen auf 220°C Ober- und Unterhitze vorheizen.

1. Butter, Zucker, Vanille-zucker und die Eier mit dem Handmixer (Rührstäbe) zu einer glatten Masse auf-schlagen. Mehl und Back-pulver mischen und unter-rühren.

3. Gebt nun den Teig mit einem Esslöffel in kleinen Haufen auf ein mit Backpapier belegtes Back-blech. Anschließend werden die Apfelplätzchen im Ofen (mittlere Schiene) etwa 10 Minuten gebacken.

2. Die Äpfel schälen, ent-kernen und in kleine Stücke schneiden. Mischt sie anschließend unter den

Das verhexte Zahlenrätsel

Lea und Luis zerbrechen sich die Köpfe
über ihre Mathehausaufgaben.
Äpfel, Knallfrösche, Marienkäfer und Zahlen?
Wie soll das denn zusammenpassen?

Bei diesem Rätsel entspricht jedes Symbol einer bestimmten Zahl. Ihr müsst herausfinden, welche Zahl den Symbolen zugeordnet werden muss, damit ihr die Rechnung lösen könnt. Viel Erfolg!

🍎 + 🍎 = 10

🐸 − 🍎 = 2

🐞 + 🐸 = 10

🍎 + 🐞 + 🐸 = ____

Winterliche Duftsäckchen

In Petronellas Apfelhaus
fühlen sich Lea und Luis richtig wohl. Das liegt auch
daran, dass es dort immer so angenehm riecht.
Wie gut, dass Petronella den Zwillingen zeigt, wie sie diesen
schönen Duft mit nach Hause nehmen können.

Was ihr braucht:

- Leinen, Baumwolle (z.B. alte Stofftaschentücher) oder bunte Stoffreste
- getrocknete Kräuter oder Blüten
- Nadel
- Faden

Und so geht's:

1. Für das Säckchen benötigt ihr zwei gleich große Stücke Stoff in einer Größe von etwa 10 x 12 cm. Ihr könnt aber auch andere Formen wie Kreise oder Herzen verwenden. Legt die Stücke übereinander und näht sie an den Rändern mit Nadel und Faden zusammen. Lasst dabei eine Öffnung frei.

2. Mischt nun zusammen, was für euch gut duftet: Lavendel, Anis, Kamillenblüten, Zitronenmelisse und Rosmarin eignen sich besonders gut. Wichtig ist, dass die Kräuter gut getrocknet sind.

Tipp:
Wenn ihr euch das Nähen ersparen möchtet, könnt ihr auch ein vorgefertigtes Säckchen verwenden.

3. Füllt eure Kräutermischung durch die Öffnung in das Säckchen und näht das Loch zusammen.

4. Das fertige Duftsäckchen könnt ihr z. B. zu eurer Wäsche legen, dann duftet sie gut. Bei schlechten Träumen haben sie unter dem Kopfkissen eine beruhigende Wirkung. Oder verschenkt ein paar Duftsäckchen an Freunde und Familie zu Weihnachten!

Petronella zum Ausmalen

In der Weihnachtszeit will
Petronella ganz besonders hübsch
aussehen. Helft ihr dabei und
malt sie bunt an!

Das geheimnisvolle Runenalphabet

Schon seit vielen Jahrhunderten schreiben Hexen mit dem alten Runenalphabet. Auf diese Weise sind geheime Botschaften und Zaubersprüche nur für denjenigen lesbar, der sich mit alten Zeichen auskennt.

Hier seht ihr, welche Buchstaben des Runenalphabets unseren lateinischen Buchstaben entsprechen. Könnt ihr anhand dieser Auflösung herausfinden, welcher geheime Zauberspruch sich auf der nächsten Seite verbirgt?

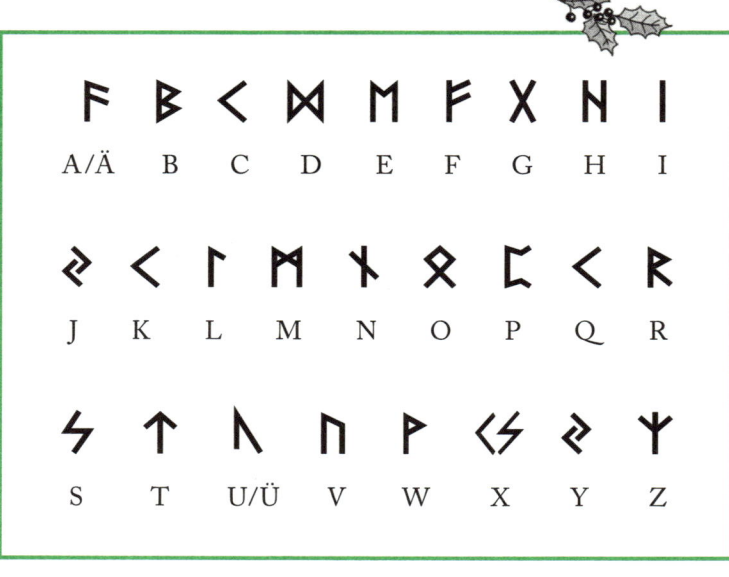

ᛖᛖᛏᛖ, ᛞᛖᛖᛏᛖ ᚾᛖᚲᛋᛖᛏᛒᛖᛋᛖᛏ,

_____

ᛏᚨᛋᛋᛖᛒᚨᛞᛖ ᚾᛖᛞ ᚹᚨᛋᚲᚢᛖ ᛚᛖᛋᛖᛏ,

_____

ᚲᛖᚱᛉᛖᛞᛟᚨᛏ ᚾᛏᛖ ᚹᛁᛏᛏᛖᚱᚹᚨᛏᛖ,

_____

ᚹᛖᛁᚾᚨᚲᚾᛏᛖᛏ ᛋᛖᛁ ᚺᛁᛖᚱ ᚷᚨᚾᛉ ᛒᚨᛚᛞ!

_____

Wie schreibt man deinen Namen
im Runenalphabet?

_____

Suchbild

Die Heinzelmännchen sind bei Petronella vorbeigekommen.
Findet ihr die zehn Unterschiede zwischen den beiden Bildern?

Die Lösung findet ihr hinten im Buch.

Lebkuchen- Muffins

*Wenn mal wieder jemand
spontan bei Petronella zum Kuchenessen anklopft,
hat die kleine Hexe besonders in der Adventszeit gerne
ein paar leckere Muffins auf Vorrat.*

125 g Margarine
60 g Honig
120 g Zucker
2 Eier
300 g Mehl
2 Teelöffel Backpulver
2 Esslöffel Kakaopulver
1 Päckchen Lebkuchengewürz
200 ml Milch

 Gebt Margarine, Zucker, Honig und Eier in eine Schüssel und verrührt alles mit einem Handmixer (Rührstäbe), bis es schaumig ist.

 Vermischt Mehl, Backpulver, Kakao und Lebkuchengewürz miteinander.

3. Gebt nun nach und nach die Mehl-mischung und die Milch zum Teig hinzu und ver-rührt weiterhin alles mit dem Handmixer.

4. Heizt den Backofen auf 200°C (Ober- und Unterhitze) vor. Gebt den Teig in Muffinförmchen und backt sie anschließend etwa 15 Minuten lang. Die Muffins sind fertig, wenn sie oben aufreißen.

Tipp: **Denkt daran, dass der Teig in den Förmchen noch aufgeht – deshalb ist es schlau, sie nicht bis zum Rand zu füllen.**

Was versteckt sich hier?

*Gurkenhut ist gut darin, Gärten anzulegen. Doch bei
dieser Anleitung ist ihm nicht ganz klar, was er einpflanzen soll.
Zum Glück weiß Petronella, was zu machen ist.*

Hier seht ihr ein Nonogramm. Die Zahlen an der Seite zeigen an, wie viele Kästchen horizontal und vertikal ausgemalt werden müssen. In einer Reihe befinden sich zehn Kästchen. Steht am Rand eine 10, müsst ihr also die ganze Reihe ausmalen. Bei den anderen Zahlen müsst ihr ein bisschen knobeln. Bei einer 1 zum Beispiel soll nur ein Kästchen ausgemalt werden. Dieses muss aber nicht unbedingt gleich das erste Kästchen sein. Tipp: Beginnt mit den Zeilen, in denen viele Kästchen auszumalen sind, und arbeitet euch so weiter voran.

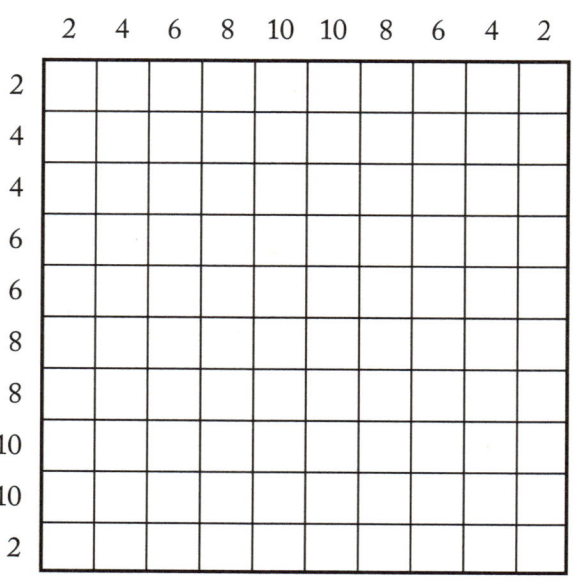

Ein ganz besonderer Nikolausabend

Am Abend vor Nikolaus war Familie Kuchenbrand allerbester Laune. Lea übte auf ihrer Blockflöte zum siebzigsten Mal »Lasst uns froh und munter sein«, während Luis seinen Schuh putzte. »Meinst du, der Schuh ist sauber genug?«, fragte er seine Schwester.

Lea nickte. »Schon. Aber ich würde beide putzen.«

»Wieso denn? Ich stelle doch nur einen hin«, meinte Luis.

»Selber schuld, wenn du nichts bekommst«, meinte Lea nur.

Luis dachte kurz nach und putzte dann auch den zweiten Schuh.

»Das sieht ja gut aus!«, lobte ihr Vater, der aus der Backstube kam.

»Willst du deinen Schuh nicht auch hinstellen?«, fragte Luis.

»Aber sicher!« Herr Kuchenbrand zog einen großen Gummistiefel hinter seinem Rücken hervor. »Na, was sagt ihr …? Der ist fast neu.«

»Ich weiß nicht«, meinte Lea. »Ist der nicht viel zu groß?«

»Ach was, der Nikolaus muss ihn ja nicht vollmachen.«

Kurz bevor Lea und Luis ins Bett gingen, stellte auch ihre Mutter noch ihren Schuh dazu. Nun standen drei blitzblank geputzte Schuhe und ein schwarzer Gummistiefel im Fenster.

Bald darauf kehrte Ruhe im Müllerhaus ein, und niemand bemerkte den alten Mann, der spät in der Nacht mit seinem Esel durch den Garten kam. Der Nikolaus hatte die Kapuze seines Mantels tief ins Gesicht gezogen, denn ein kalter Ostwind zwickte ihn kräftig in Wangen und Nase. Mühsam stapfte er durch den frisch gefallenen Schnee. Seine neuen Stiefel drückten ganz abscheulich, und es lag noch eine gute Wegstrecke vor ihnen. Denn heute Nacht sollte kein Kind leer ausgehen.

»Bleib stehen, Langohr«, murmelte er, als sie vor dem Müllerhaus ankamen. Der Nikolaus zog ein schwarzes Notizbuch aus seiner Manteltasche. »Wenn ich richtig lese, wohnen hier Lea und Luis Kuchenbrand.

Zwei sehr freundliche Kinder.« Er hob den Sack vom Rücken seines Esels, öffnete mit einem großen Schlüsselbund die Tür und schlich ins Wohnzimmer. Auf der Fensterbank standen drei Schuhe und ein Stiefel. Die Schuhe der Kinder waren bereits mit Schokolade gefüllt. Der dritte Schuh war zwar leer, aber er stand auf einer Schachtel Pralinen. »Na so was«, brummte der Nikolaus. »Da ist mir wohl jemand zuvorgekommen. Ich will trotzdem etwas dazulegen.« Er griff in den Sack und stellte zwei kleine Rückzieh-Autos auf die Fensterbank. Einen Eiswagen für Lea und einen Rennwagen für Luis. Frau Kuchenbrand steckte er eine Christrosenblüte in den Schuh. Beim Anblick des schwarzen Gummistiefels schüttelte er jedoch den Kopf. »Na warte«, murmelte der Nikolaus und warf drei Handvoll Kohlen hinein. Doch schließlich siegte sein gutes Herz, und er gab noch eine Orange und einen Rasierpinsel dazu.

Der alte Esel hatte geduldig vor der Tür gewartet. Jetzt legte ihm der Nikolaus den Sack auf den Rücken, und die zwei machten sich wieder auf den Weg. »Wir müssen uns beeilen, Grauchen«, sagte der Nikolaus und schritt schnell voran. Doch plötzlich verzog er das Gesicht. »Verflixt, ich glaube, ich habe mir eine Blase gelaufen!« Ächzend ließ er sich auf einen Baumstumpf fallen und zog den Stiefel aus. »Oje. Meine Ferse ist ganz blutig«, brummte er. »Und ein Loch ist auch im Strumpf.«

»Iah!«, rief der Esel. Er hätte sein Herrchen gerne getragen, aber für einen Sack und den Nikolaus war nun mal kein Platz auf seinem Rücken.

Petronella, die gerade in ihrem Sessel eingedöst war, wachte auf. Hatte da nicht eben ein Esel geschrien? Schnell blickte sie durch ihr Piratenfernrohr. »Den Gesellen kenne ich doch«, murmelte sie. Schnell schlüpfte sie in Stiefel und Mantel und kletterte die Strickleiter hinunter.

»Guten Abend!«, grüßte Petronella den Nikolaus, der bekümmert seine Ferse untersuchte. »Was verschlägt euch in meinen Garten?«

Der Nikolaus sah erstaunt auf und zog die buschigen Augenbrauen zusammen. »Guten Abend«, sagte er. »Wie ich sehe, bist du eine Hexe.«

»Allerdings«, antwortete Petronella. »Ich bin eine Apfelhexe.« Sie bemerkte den Stiefel, der neben dem Nikolaus im Schnee lag. »Du hast dir eine Blase gelaufen, stimmt's? Aber ich glaube, da kann ich dir helfen. Komm mit in mein Haus, damit ich dich verarzten kann.« Sie führte den humpelnden Mann zu ihrer Strickleiter. Oben angekommen war der Nikolaus so klein, dass er bequem in den Apfel passte.

»Wen bringst du denn mit?«, summte Lucius, der in der Zwischenzeit ebenfalls wach geworden war.

»Der Nikolaus hat sich eine Blase gelaufen. Flieg schnell zu den Apfelmännchen, sie sollen Wasser und Hafer für das Eselchen bringen.«

Während Lucius in den Garten flog, kümmerte sich Petronella um die wundgelaufenen Füße ihres Gastes. Sie strich eine Salbe aus Arnika und Beinwell darauf und verband alles sorgfältig.

»Ah, das tut gut!«, seufzte der alte Mann. Petronella lächelte. Zu guter Letzt berührte sie die Socke mit dem Zauberstab, und Feenstaub legte sich glitzernd darüber. Sofort war das Loch verschwunden.

Zufrieden stieg der Nikolaus in seine Stiefel und ging probehalber ein paar Schritte auf und ab. Dann strahlte er über das ganze Gesicht. »Ich spüre überhaupt keine Schmerzen mehr. Da können sich die Kinder freuen. Wenn ich mich beeile, schaffe ich es noch, bevor die ersten aufwachen.«

Petronella brachte ihren Gast zur Haustür, und gemeinsam stiegen sie die Strickleiter hinunter. Der Nikolaus reichte Petronella die Hand. »Vielen Dank, Apfelhexe. Du hast mir sehr geholfen!«

»Nicht der Rede wert«, antwortete Petronella. »Ich wünsche euch beiden einen guten Weg.«

Leichtfüßig stapfte der Nikolaus mit seinem Esel davon.

Als Petronella in ihren Apfel zurückkehrte, fand sie auf ihrem Wohnzimmertisch drei Marzipankartoffeln. Ein sehr netter Kerl, dachte sie und schob sich gleich eine Kartoffel in den Mund.

Servietten-
Teelichter

*Gerade in der dunklen
Jahreszeit kann ein kleines Licht eine Menge ausmachen.
Petronella dekoriert daher ihre Fensterbänke
am liebsten mit bunten Teelichtern, die immer
wunderbar heimelig leuchten.*

- Schöne Papierservietten
- Ausgespülte Marmeladengläser
- Weiße Acrylfarbe
- Kleber oder Holzleim
- Pinsel

Und so geht's:

1. Sucht euch Servietten aus, die euch ganz besonders gut gefallen. Von ihnen trennt ihr vorsichtig die oberste farbige Schicht ab.

2. Zerreißt nun die farbige Servietten-schicht in viele kleine Stücke, aber nicht zu klein!

3. Malt ein Marmeladen-glas mit der weißen Acrylfarbe an und lasst es

anschließend gut trocknen. Schneller geht es mit einem Föhn.

4. Als Nächstes sind die Serviettenstücke an der Reihe: Nach und nach werden diese auf das Glas gelegt und mithilfe eines Pinsels mit Kleber oder Holz-leim überstrichen, sodass sie gut festkleben.

5. Wenn alles getrocknet ist, könnt ihr ein schönes Geschenkband um den Hals des Glases zu einer Schleife binden.

Posadas und Piñata in Mexiko

Habt ihr euch schon einmal gefragt, wie Weihnachten in anderen Ländern gefeiert wird? In Mexiko zum Beispiel feiern Menschen gleich eine ganze Woche lang, vom 16. bis zum 24. Dezember, die »posadas«.

»Posada« bedeutet »Beherbergung«. In dieser Zeit klopfen Freunde oder Nachbarn abends an die Tür, halten dabei Kerzen in den Händen und singen Lieder. Sie bitten darum, ins Haus eintreten zu dürfen, und erinnern so daran, wie Maria und Josef auf der Suche nach einer Herberge waren. Im Haus selbst ist es dunkel – erst, wenn die Gäste mit ihren Kerzen eingetreten sind, wird das Licht eingeschaltet.

Anschließend wird gegessen, Punsch getrunken, und für die Kinder gibt es eine Piñata: Das ist meistens ein großer bunter Stern aus Pappe, der gebastelt und mit Süßigkeiten und kleinen Geschenken befüllt wird. Die Piñata wird aufgehängt, den Kindern werden die Augen verbunden und der Reihe nach müssen sie versuchen, die Piñata mit einem Stock zu treffen. Das machen sie so lange, bis sie aufbricht und es Süßigkeiten regnet.

Feliz Navidad!

Kreuzworträtsel

Im Winter haben die Apfelmännchen nicht mehr so viel im Müllergarten zu tun. Da verbringen sie die kurzen Tage gern gemütlich vor dem warmen Ofen. Der ein oder andere löst dabei am liebsten ein Kreuzworträtsel.

1. Darauf kann man im Schnee gut rutschen
2. Kommt am 6. Dezember vorbei
3. Erhellt vier Wochen lang das Haus
4. Werden in der Weihnachtsbäckerei gebacken
5. Kugelrund, mag Möhren und trägt einen Hut
6. Haben Flügel und bieten Schutz
7. Klein und frech, mit Mütze
8. Post, die Träume wahr werden lässt
9. Wer druntersteht, bekommt einen Kuss
10. Schön verpackt

Advent, Advent ...

Schon ist der zweite Advent da und am Adventskranz
werden zwei Kerzen angezündet.
Gebt dem Kranz ein bisschen Farbe und lasst
die Kerzen erstrahlen!

Schnelle Nussplätzchen

Petronellas Schwestern
kommen zu Besuch, und dann geht es immer
drunter und drüber. Da etwas zu Knabbern
niemals fehlen darf, schiebt Petronella schnell ein
paar Nussplätzchen in den Ofen.

300 g Mehl
200 g gemahlene Haselnüsse
150 g Zucker
1 Päckchen Vanillezucker
1 Ei
200 g Butter

Und so geht's:

1. Gebt alle Zutaten in eine Schüssel und verknetet sie gut zu einem Teig. Anschließend stellt ihr den Teig für eine halbe Stunde in den Kühlschrank.

2. Rollt den Teig auf einer leicht bemehlten Arbeitsfläche aus. Nun könnt ihr die Plätzchen mit euren Lieblingsformen ausstechen.

3. Legt die ausgestochenen Plätzchen auf ein mit Backpapier belegtes Backblech und heizt den Ofen auf 175°C Umluft vor. Dort werden die Plätzchen etwa 10-12 Minuten gebacken.

Das geheimnisvolle Runenalphabet

Petronella hat eine geheimnisvolle Weihnachtsbotschaft erhalten. Könnt ihr sie entschlüsseln?

Tipp:
Das Runenalphabet findet ihr hinter dem 4. Dezember!

ᛚᛁᚱᚢᛗ, ᛚᚨᚱᚢᛗ ᛚᛁᚲᚺᛏᛖᚱᚲᛖᛏᛏᛖ,

____

ᛒᚢᚾᛏᛖ ᚲᚢᚷᛖᛚᚾ, ᚷᚱᛟᛋᛋᛖ, ᚠᛖᛏᛏᛖ,

____

ᛚᚨᚾᚷᛖ ᚹᚨᚱᛏᛖᚾ ᛗᚨᚲᚺᛏ ᚡᛖᚱᚱᚢᚲᚲᛏ,

____

ᛏᚨᚾᚾᛖᚾᛒᚨᚢᛗ ᛋᛖᛁ ᚠᛁᚲᛋ ᚷᛖᛋᚲᚺᛗᚢᚲᚲᛏ!

____

Die Lösung findet ihr hinten im Buch.

Verschneites Knusperhäuschen

*Jedes Jahr im Advent bauen
Lea und Luis ein kleines Knusperhäuschen aus Butterkeksen.
Das sieht nicht nur auf der Fensterbank sehr
schön aus, man darf es sogar aufessen!*

Was ihr braucht:

- 1 Packung Butterkekse
- 1 Eiweiß
- 150 g Puderzucker
- Süßigkeiten,
  z.B. Gummibärchen,
  Schokolinsen und -streusel
- Eventuell Dominosteine

1. Trennt das Ei und schlagt das Eiweiß mit einem Handmixer (Rührstäbe) zu Eischnee. (Einen Tipp, wie ihr ein Ei trennt, findet ihr hinten im Buch.)

2. Gebt den Puderzucker hinzu und rührt, bis eine zähflüssige Masse entsteht.

3. Mit dieser Masse könnt ihr nun alles zusammenkleben: Tunkt z. B. die Ränder von vier Keksen ein wenig in den süßen Eischnee und verklebt sie so miteinander, dass ihr eine kleine Fläche erhaltet.

Tipp:
Damit euer Häuschen verschneit aussieht, könnt ihr ganz zum Schluss ein wenig Puderzucker darübersieben.

4. Versucht aus den Keksen ein Häuschen zu formen. Ihr könnt auch Dominosteine zum Bau des Häuschens nehmen und die Kekse für das Dach verwenden.

5. Verziert anschließend alles mit weiteren bunten Süßigkeiten wie Gummibärchen, Schokolinsen oder -streuseln, indem ihr die Süßigkeiten ebenfalls in den Eischnee tunkt oder mit einem sauberen Pinsel oder Löffel etwas davon auf die Kekse streicht.

Das verhexte Zahlenrätsel

*Das erste Zahlenrätsel ist zwar schon ein paar
Tage her, doch Lea und Luis wissen noch,
wie es funktioniert. Dieses Mal ist das Rätsel
jedoch ein bisschen kniffliger.*

Bei diesem Rätsel entspricht jedes Symbol einer bestimmten
Zahl. Ihr müsst herausfinden, welche Zahl den Symbolen zu-
geordnet werden muss, damit ihr die Rechnung lösen könnt.
Viel Erfolg!

Eine ganz besondere Einladung

Wie an jedem Winterabend trafen sich die Apfelmännchen auch heute. Denn obwohl jeder von ihnen eine eigene kleine Wohnung besaß, die gut versteckt zwischen den Wurzeln eines alten Apfelbaums lag, wohnten sie doch so nah beieinander, dass sie sich jederzeit besuchen konnten. Im Sommer saßen Gurkenhut und seine Männer gerne vor ihren Häusern und unterhielten sich so lange, bis sogar die Glühwürmchen schlafen gingen. Doch im Winter war es dafür viel zu kalt. Da besuchten sie sich lieber reihum, um gemeinsam zu essen und Geschichten zu erzählen. Heute wollten sie bei Gurkenhut Weihnachtskarten schreiben.

Draußen pfiff der Wind durch die kahlen Äste der Apfelbäume, aber drinnen sorgte der Ofen für behagliche Wärme. Spargelzahn kam als Letzter und klopfte sich den Schnee von Pullover und Hose. »Brrr, ist das eine Kälte! Die Schneekönigin scheint mal wieder einen Ausflug zu machen.«

»Nimm Platz, und trink einen Becher Tee«, forderte ihn Gurkenhut auf. Das ließ Spargelzahn sich nicht zweimal sagen. Er goss sich einen Becher Wintertee ein und setzte sich zu den anderen an den großen Wohnzimmertisch.

Die Apfelmännchen schrieben jedes Jahr Weihnachtskarten und verschickten sie an Freunde und Verwandte, die weit verstreut im ganzen Land lebten. Genau wie sie selbst kümmerten sich auch die anderen Apfelmännchen um all die großen und kleinen Gärten, in denen die Natur noch lebendig war.

Gut gelaunt packten die Männchen nun alles aus, was man zum Schreiben und Basteln einer Weihnachtskarte so brauchte. Da lagen Scheren, grüne Wellpappe, Strohhalme, Stifte, Papier, und ein kleines Glas Polarbärenrotz stand auch bereit. Denn der klebte besonders gut. Mit großem Eifer machten sich die Apfelmännchen an die Arbeit, als Bohnenhals plötzlich in die Runde sah. »Ich habe meine Brüder und Schwestern schon eine Ewigkeit nicht mehr gesehen«, sagte er, während er einen Strohstern auf seinen Brief klebte. »Was haltet ihr davon, wenn wir in diesem Jahr unsere Familien zu uns einladen und gemeinsam Weihnachten feiern?«

Die anderen sahen ihn erstaunt an, dann breitete sich ein Lächeln auf ihren Gesichtern aus. »Das ist eine gute Idee«, nickte Gurkenhut. »Ich werde aus meinem Weihnachtsgruß gleich eine Einladung für meine Schwester machen.«

Jetzt waren auch die anderen Apfelmänner nicht mehr zu halten. »Meine Eltern sind zu alt, um sich auf den Weg zu machen«, sagte Spargelzahn. »Aber meine Geschwister werden sicher gerne kommen. Sie wohnen ganz in der Nähe.«

»Ich habe zwei Schwestern und zwei Brüder«, erklärte Bohnenhals. »Denen werde ich gleich schreiben.«

Die Apfelmännchen waren ganz beflügelt von der Idee. Doch plötzlich kratzte sich Rübenbach am Kopf. »Es werden nicht alle in Petronellas Apfel passen«, überlegte er. Auf die Weihnachtsfeier, die immer in Petronellas Apfel stattfand, wollte er unter keinen Umständen verzichten. Und so ging es auch den anderen Apfelmännchen.

»Du hast recht«, brummte Gurkenhut. »Es könnte eng werden …«

Eine Weile brüteten die Apfelmännchen vor sich hin. Dann hatte Spargelzahn eine Idee. »Warum machen wir es dieses Jahr nicht einfach umgekehrt? Wir laden Petronella und Lucius zu uns ein und feiern alle zusammen im Garten.«

Die Apfelmännchen strahlten. »Eine sehr gute Idee! Weihnachten im Schnee. Das wird schön.«

Bis in den frühen Morgen bastelten und schrieben die Apfelmännchen an den Einladungen. Auch Lea und Luis Kuchenbrand sollten eine Einladung zur Winterweihnacht erhalten. Und erst als die letzte Karte geschrieben war, fielen sie müde ins Bett.

Gleich am nächsten Tag rief Gurkenhut den Poststorch an, damit er die Briefe aus Petronellas Garten abholen konnte. Der schlaue Storch brachte gleich noch eine Kollegin mit, denn er ahnte schon, dass der Platz in seiner Umhängetasche nicht reichen würde. Den Brief für Lea und Luis brachte Gurkenhut natürlich persönlich ins Müllerhaus. Und da die Zwillinge in der Schule waren, klebte er ihn einfach an die Fensterscheibe.

Als die Kinder nach Hause kamen, trauten sie ihren Augen nicht. »Sieh mal, was da klebt«, sagte Lea. »Hoffentlich haben Mama und Papa den Brief nicht gesehen.«

Luis wollte den Umschlag von der Scheibe ziehen, doch der ließ sich einfach nicht lösen. »Ich wette, das ist Polarbärenrotz!«, grummelte er.

Lea klatschte begeistert in die Hände. »Dann muss der Brief von den Apfelmännchen sein. Pass auf, dass du ihn nicht zerreißt.«

»Mach ich schon nicht.« Luis gab sich die größte Mühe, dann hielt er den Brief in der Hand. Er sah wirklich sehr weihnachtlich aus.

»Mach ihn auf!«, drängelte Lea.

Vorsichtig öffnete ihr Bruder den Umschlag. *Einladung zur Winterweihnacht*, stand darauf. *Wir möchten gerne am 24. Dezember mit euch feiern. Zieht euch warm an, und holt Petronella ab. Die Apfelmännchen.*

Lea runzelte die Stirn. »Etwas genauer hätte es ruhig sein können.«

»Wir sollen uns jedenfalls warm anziehen. Und Petronella kommt auch«, überlegte Luis.

»Am besten fragen wir Gurkenhut, was damit gemeint ist«, schlug Lea vor, und sofort machten sich die Kinder auf die Suche nach den Apfelmännchen. Bohnenhals stellte ein paar Vogelgarben auf. Rübenbach und Spargelzahn verpassten der Futterkrippe ein neues Dach, und Karottenwams und Gurkenhut schauten nach den Fledermauskästen und Igelhöhlen. Doch ganz gleich, wen die Kinder auch fragten, alle gaben sich sehr geheimnisvoll. »Abwarten!«, sagten sie. Und damit mussten sich die Zwillinge wohl oder übel zufriedengeben.

12

Eichelhütchen-
Memory-Spiel

Die Zeit bis Weihnachten
vertreiben sich die Apfelmännchen am liebsten mit
kleinen Spielen, die sie selbst gebastelt haben.
Bei diesem hier sind Kreativität und
ein gutes Gedächtnis gefragt!

🍎 24–50 Eichelhütchen
(gerade Anzahl!)
🍏 Acrylfarbe in
verschiedenen Farben

1. Geht in die Natur hinaus und findet so viele Eichelhütchen wie möglich. Wenn die Hütchen noch auf den Eicheln sitzen, versucht, sie vorsichtig abzulösen. Eventuell braucht ihr hierfür die Hilfe eines Erwachsenen.

2. Reinigt die Hütchen von innen mit Wasser und lasst sie trocknen. Nun malt ihr je zwei Hütchen auf der Innenseite in derselben Farbe oder mit demselben Muster an.

3. Sobald die Farbe getrocknet ist, kann es losgehen: Dreht die Hütchen um, sodass ihr die Farben nicht sehen könnt, mischt sie und stellt sie vor euch auf.

4. Der Reihe nach darf nun jeder zwei Hütchen aufdecken. Wer ein passendes Paar findet, darf es nehmen und erneut zwei Hütchen aufdecken. Wer kein passendes Paar entdeckt, dreht sie wieder um, und der Nächste ist am Zug.

5. Gewonnen hat der Spieler/die Spielerin mit den meisten Paaren.

Für 2–6
Spieler ab
3 Jahre

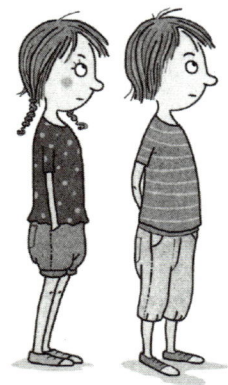

Das Wichtel-Labyrinth

Lea und Luis müssen den Weihnachtswichtel fangen, der im Müllerhaus sein Unwesen treibt. Doch wo hat er sich versteckt?

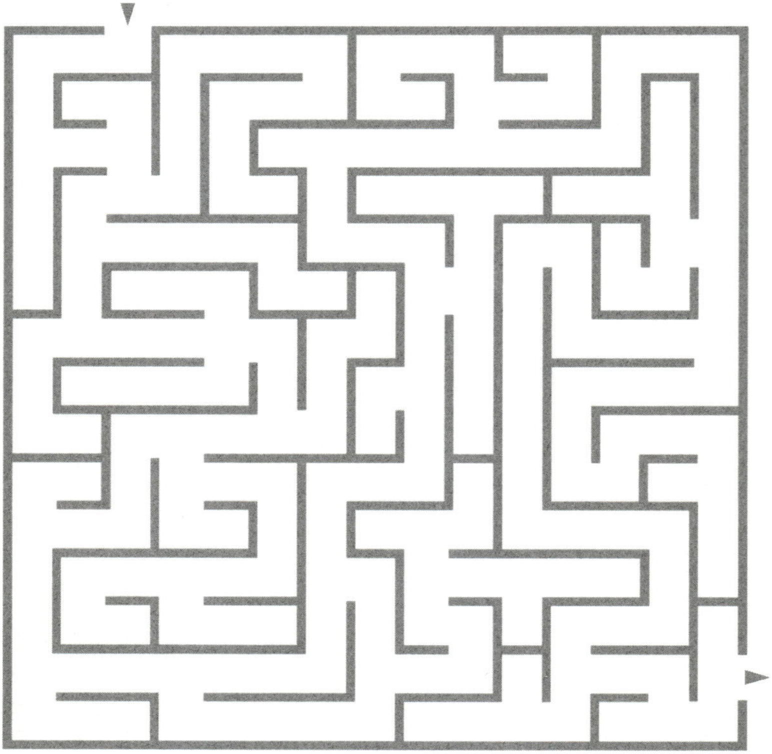

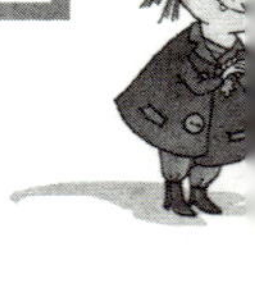

Den Weg durchs Labyrinth findet ihr bei den Lösungen hinten im Buch.

Bauernbrot-Plätzchen

Herrn Kuchenbrand findet man in der Adventszeit nur an einem Ort: in der Backstube des Müllerhauses. Heute bereitet er leckere Bauernbrot-Plätzchen vor. Mmh!

Was ihr braucht:

~ für etwa 40 Stück ~

150 g Zartbitterschokolade
3 Eier
250 g Puderzucker
1 Esslöffel Milch
2 Teelöffel Zimt
250 g gemahlene Haselnüsse
3 Esslöffel Mehl

1. Zerkrümelt die Schokolade zu kleinen, feinen Stückchen. Das gelingt am einfachsten mit einer Küchenmaschine.

2. Nun müssen die Eier getrennt werden. (Wie das geht, findet ihr hinten im Buch.)

3. Verrührt das Eigelb in einer Schüssel mit 150 g Puderzucker, Milch und Zimt, bis es schaumig ist. Das Eiweiß wird gesondert mit einem Handmixer steif geschlagen.

4. Hebt nun den Eischnee zusammen mit den Haselnüssen, der Schokolade und dem Mehl unter die Eigelbmasse. Deckt den Teig zu und stellt ihn für eine halbe Stunde in den Kühlschrank.

5. Den restlichen Puderzucker in einen tiefen Teller geben. Aus dem Teig formt ihr nun kleine Brote, wälzt sie im Puderzucker und legt sie auf ein mit Backpapier belegtes Blech.

6. Die Plätzchen werden bei 150°C Ober- und Unterhitze etwa 20 Minuten im Ofen gebacken.

Das schwedische Luciafest

Weihnachten ist in Schweden das Julfest, das bereits am ersten Adventssonntag beginnt. In der Mitte dieser Zeit feiert man das Luciafest. Am Morgen des 13. Dezembers weckt die älteste Tochter als Lucia verkleidet den Rest der Familie. Sie trägt dabei ein langes weißes Kleid, ein rotes Samtband um den Bauch und einen Preiselbeerkranz mit Kerzen auf dem Kopf. Früher waren das immer echte brennende Kerzen, heutzutage verwendet man sicherheitshalber lieber elektrische Kerzen.

In der Kirche, im Kindergarten oder in der Schule kommen schließlich alle Kinder zusammen. Auch die anderen Mädchen und Jungen tragen dann weiße Gewänder. Alle halten Kerzen in ihren Händen und singen gemeinsam Lieder. Oftmals wird dann unter den ältesten Töchtern eine ausgewählt, die die Lucia sein darf, was eine besondere Ehre ist. Traditionell werden am Luciafest Lussekatter, ein Gebäck aus Safran und Hefe, und Pepparkakor, ein Pfefferkuchengebäck, gegessen.

God jul!

Winterliches

Naturmobile

*Mit einem Naturmobile hat
Petronella eine Verwendung für all die schönen
Stöcke, Steine, Blätter und Tannenzapfen,
die sie im Wald so findet. Damit dekoriert sie nicht
nur ihre Fenster, auch über dem Esstisch sieht
das Mobile sehr dekorativ aus.*

Was ihr braucht:

- Einen stabilen langen
Stock, bis zu 1 m lang
- je nach Belieben
Tannenzapfen, getrocknete
Orangenscheiben, Blätter
- Kordel
- Eventuell Perlen,
Stöckchen

Tipp:
Zimtstangen
sorgen zusätzlich
für weihnacht-
lichen Duft.

1. Findet einen stabilen Stock, säubert ihn und wickelt ein langes Stück Kordel um beide Enden, sodass ihr den Stock daran aufhängen könnt.

2. Nun sind eurer Kreativität keine Grenzen gesetzt: Befestigt Tannenzapfen, Orangenscheiben, Blätter usw. an Kordelstücken in verschiedenen Längen und bindet diese mit etwas Abstand zueinander um den Stock. Wer möchte, kann zusätzlich auch Perlen auf die Kordel auffädeln. Mit Knoten lässt sich die Kordel unterteilen.

3. Besonders weihnachtlich sieht es aus, wenn ihr aus kleinen Stöcken Sterne bastelt: Dafür benötigt ihr fünf etwa 10 cm lange Stöckchen und Kordel. Legt die Stöcke diagonal übereinander, sodass sich die Enden berühren und ein Stern mit fünf Zacken entsteht. Umwickelt die Enden mehrmals fest mit Kordel und hängt sie ebenfalls an den Stock.

Was versteckt sich hier?

Das letzte Rätsel hat Gurkenhut noch alleine geschafft, doch dieses Mal braucht er die Hilfe aller Apfelmännchen. Rätselnd stehen sie vor dem Gitter. Könnt ihr herausfinden, welches Motiv gesucht ist?

Hier seht ihr ein Nonogramm. Die Zahlen an der Seite zeigen an, wie viele Kästchen horizontal und vertikal ausgemalt werden müssen. In einer Reihe befinden sich zehn Kästchen. Steht am Rand eine 10, müsst ihr also die ganze Reihe ausmalen. Bei den anderen Zahlen müsst ihr ein bisschen knobeln. Bei einer 1 zum Beispiel soll nur ein Kästchen ausgemalt werden. Dieses muss aber nicht unbedingt gleich das erste Kästchen sein. Tipp: Beginnt mit den Zeilen, in denen viele Kästchen auszumalen sind und arbeitet euch so weiter voran.

	1	3	3	8	10	8	3	3	1	0
1										
3										
3										
3										
7										
9										
7										
3										
3										
1										

Tipp:
Gesucht wird etwas, das im Winter vom Himmel auf die Erde fällt.

Wunderbare Weihnachtsgrüße

*Die Apfelmännchen waren
schon ganz fleißig und haben Karten für ihre Familien
und Freunde gebastelt. Wem möchtet ihr einen
lieben Weihnachtsgruß schicken?*

- Grüne Wellpappe
- Papier
- Papier-Trinkhalme
- Dünnes Geschenkband
- Sekundenkleber
- Schere
- Stifte

Und so geht's:

1. Schneidet aus der Wellpappe und dem Blatt Papier ein Rechteck mit den Maßen 10,5 x 14,5 cm aus.

2. Schneidet nun einige Stücke Strohhalme auf etwa 6 cm zurecht. Legt einen nach dem anderen mittig übereinander und knickt sie ein wenig. Daraus macht ihr einen flachen Stern.

3. Bindet den Stern in der Mitte mit dem Geschenkband fest zusammen. Achtet darauf, dass der Stern möglichst flach bleibt, damit ihr ihn gut aufkleben könnt.

4. Nutzt am besten Sekundenkleber, um den Stern auf die Wellpappe zu kleben. Verteilt den Kleber dabei großzügig auf den Halmen.

5. Nun könnt ihr auf das Blatt Papier euren Weihnachtsgruß schreiben, etwas aufmalen oder verzieren. Gebt anschließend auf der Rückseite des Blattes in die Ecken ein wenig Kleber und klebt es auf die Rückseite der Wellpappe. Fertig ist der Weihnachtsgruß!

Der rätselhafte Buchstabensalat

Findet ihr die 10 Wörter, die sich im Buchstabensalat versteckt haben? Wenn ja, malt eine dünne Linie um sie herum.

WICHTEL	BACKEN	APFELBAUM
PETRONELLA	GESCHENK	BASTELN
KEKS	HEILIGABEND	
KERZEN	SINGEN	

```
M  V  R  W  A  P  F  E  L  B  A  U  M
Q  W  O  G  E  E  K  U  H  S  H  X  O
R  W  Q  G  O  T  X  Y  I  D  E  F  H
E  M  N  Q  K  R  A  M  C  W  I  D  Y
L  J  D  V  D  O  K  O  B  Z  L  F  Y
K  E  K  S  P  N  L  B  M  N  I  J  K
W  I  C  H  T  E  L  A  V  R  G  P  E
D  V  C  Q  L  L  M  C  Q  Y  A  O  R
B  A  S  T  E  L  N  K  N  B  B  N  Z
Y  K  Q  T  O  A  B  E  I  Q  E  A  E
N  G  E  S  C  H  E  N  K  O  N  Q  N
Y  A  D  I  W  U  X  Z  Q  A  D  P  C
S  I  N  G  E  N  M  G  A  B  U  B  P
```

Gänsefüßchen-
Plätzchen

*Fritz und Frida freuen sich
natürlich auch schon auf Weihnachten.
Für die beiden Gänse hat sich Petronella
leckere Plätzchen überlegt.*

Was ihr braucht:

~ für etwa 60 Stück ~

300 g Mehl
1 Teelöffel Backpulver
1 Prise Salz
250 g Butter
250 g Quark
70 g Zucker

1. Vermischt Mehl, Back-pulver und eine Prise Salz miteinander. Gebt die kalte Butter in Stückchen dazu.

2. Zusammen mit dem Quark wird alles zu einem festen Teig verknetet. Sollte der Teig zu klebrig sein, könnt ihr noch etwas Mehl hinzugeben. Anschließend für 30 Minuten eingewickelt im Kühlschrank kalt stellen.

3. Rollt den Teig auf einer leicht bemehlten Arbeits-fläche dünn aus. Mit einem Glas oder rundem Förmchen könnt ihr Kreise ausstechen.

4. Gebt den Zucker auf einen Teller und drückt die Kreise von beiden Seiten gut hinein. Faltet den Kreis zuerst zu einem halben Kreis und dann noch einmal zu einem Dreieck zusammen.

5. Mithilfe einer Gabel drückt ihr schließlich die Ränder zusammen, sodass ein Muster entsteht, dass an Gänsefüße erinnert.

6. Gebt die Plätzchen auf ein mit Backpapier aus-gelegtes Backblech und backt sie im vorgeheizten Ofen bei 180°C Ober- und Unterhitze für etwa 20 Minuten.

Zahlen verbinden

In der Weihnachtszeit malen sogar die Apfelmännchen
ein Bild. Am liebsten ist ihnen, wenn die Umrisse
vorgegeben sind – so kann nichts schiefgehen.

Wenn ihr von Punkt zu Punkt eine Linie zieht, entsteht ein schönes Bild.
In welcher Reihenfolge ihr die Punkte verbindet, geben die Zahlen vor.
Anschließend könnt ihr das Bild nach Lust und Laune bunt ausmalen.

Leuchtende Fenstersterne

Die Kuchenbrands schmücken im Advent die Fenster des Müllerhauses gerne mit vielen leuchtend bunten Sternen. Lea und Luis lieben es, immer neue Falttechniken zu erfinden. Eine davon verraten sie euch hier.

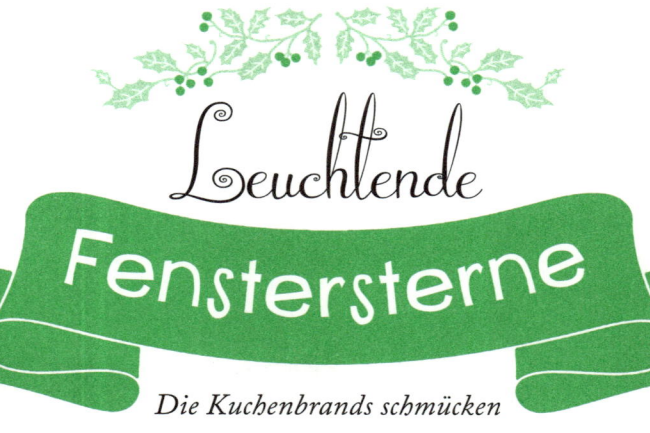

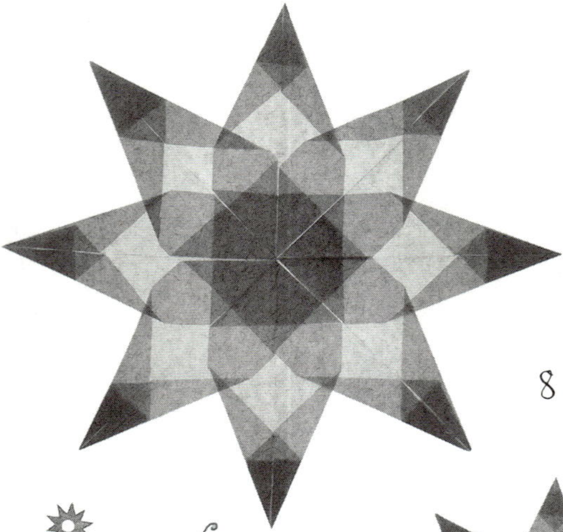

Was ihr braucht:

- Transparentpapier in eurer Lieblingsfarbe (für einen Stern benötigt ihr 8 Stücke in der Größe 7,5 x 15 cm, für kleine Sterne 5 x 10 cm)
- Flüssigkleber oder Klebestift

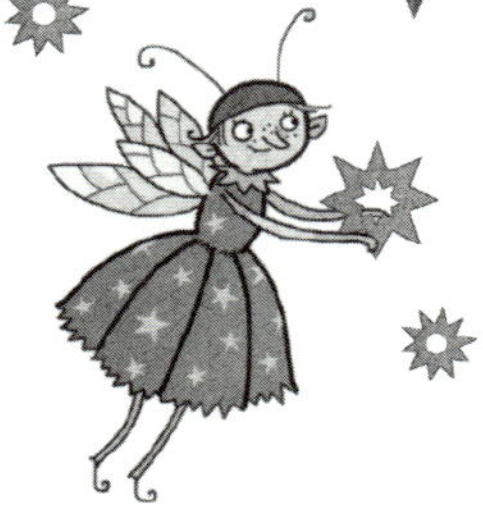

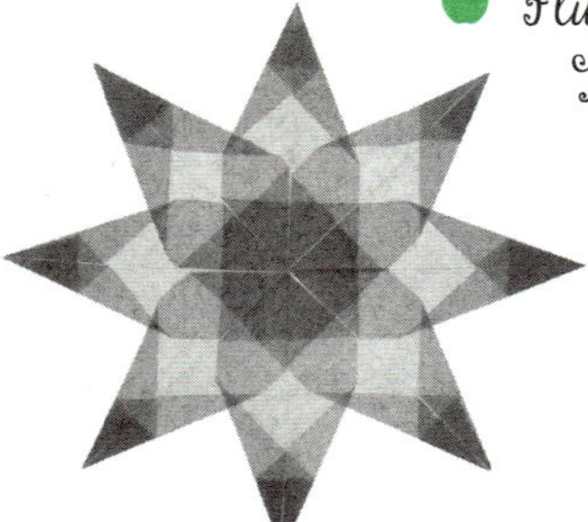

1. Faltet das Papier einmal an der kurzen Seite und klappt es wieder auf.

2. Nun werden alle vier Ecken zur Linie in der Mitte hin gefaltet, sodass zwei Spitzen entstehen.

3. Faltet jetzt die beiden Ecken an der Spitze noch einmal zur Mitte hin. Wiederholt die Schritte 1-3, bis ihr acht solcher Spitzen gefaltet habt.

4. Klebt nun zwei Spitzen zusammen, indem ihr auf das rechte Dreieck der kurzen Spitze Kleber gebt und das untere Ende einer zweiten Spitze schräg daraufklebt. Diesen Schritt wiederholt ihr, bis ein Stern entsteht.

Tipp: **Um die letzte Spitze anzukleben, klebt ihr sie entweder einfach auf beide Spitzen drauf. Oder ihr gebt Kleber auf die rechte untere Ecke der Spitze, die ihr aufkleben wollt, und schiebt sie dann in die Lücke zwischen den beiden Spitzen.**

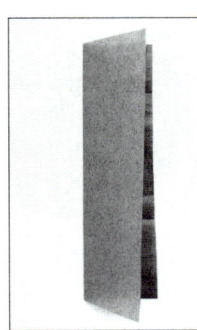
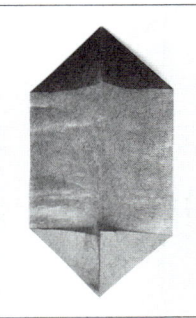

1.   2.   3.   4.

Das geheimnisvolle Runenalphabet

Lea und Luis sind ganz begeistert vom Runenalphabet. Hier haben sie es selbst einmal probiert und Petronella eine geheime Botschaft geschickt. Was verbirgt sich bloß dahinter?

ᚲᚢᚱᛉᛖ ᛏᚨᚷᛖ, ᛚᚨᚾᚷᛖ ᚾᚨᚲᚺᛏᛖ,

_____

ᚾᚢᚾ ᛁᛗ ᛞᚢᚾᚲᛚᛖᚾ ᚠᛁᚾᛊᛏᛖᚱᚾ ᚹᚨᛚᛞᛖ,

_____

ᚲᛚᛖᛁᚾᛖ ᚲᛖᚱᚾᛖ ᛒᚱᛖᚾᚾᛖᚾ ᚠᛖᛁᚾ,

_____

ᛒᚱᛁᚾᚷᛖ ᛚᛁᚲᚺᛏ ᛁᚾᛊ ᚺᚨᚢᛊ ᚺᛁᚾᛖᛁᚾ!

_____

Tipp:
Das Runenalphabet findet ihr hinter dem 4. Dezember!

Die Lösung findet ihr hinten im Buch.

Weihnachts-Daumenkino

*Habt ihr Lust, ein kleines
Daumenkino zu basteln? Das ist gar nicht schwierig
und damit könnt ihr eure Familie
und Freunde auf jeden Fall beeindrucken.
Und … Action …*

- 🍎 DIN-A4-Papier
- 🍎 Schere
- 🍎 Stifte
- 🍎 Büroklammer oder Foldback-Clip

Und so geht's:

1. Teilt ein DIN-A4-Blatt in gleichmäßige Kästen ein: Dafür zeichnet ihr auf der langen Seite alle 3 cm einen gerade Strich über das Blatt und auf der kurzen Seite alle 7 cm. Auf diese Weise erhaltet ihr 30 etwa gleich große Rechtecke.

2. Schneidet die Rechtecke aus und stapelt sie aufeinander. Dann heftet ihr sie an einer kurzen Seite mit einer Büroklammer oder einem Foldback-Clip zusammen.

3. Nun könnt ihr schon mit dem Zeichnen beginnen: Denkt euch eine Szene aus oder lasst nach und nach ein Bild entstehen. Der Fantasie sind dabei keine Grenzen gesetzt. Zum Beispiel kann sich eine Figur von links nach rechts bewegen. Wenn ihr mit dem Daumen durch die Seiten geht, sieht es aus, als würde sie sich bewegen.

Tipp: **Malt auf jede Seite einen Tannenbaum. Fügt nun auf jede Seite eine Kugel mehr hinzu. Achtet darauf, dass die Bilder immer gleich aussehen. Auf der ersten Seite hängt noch keine Kugel am Baum, auf der zweiten dann eine, auf der dritten zwei usw. Am Ende ist euer Baum wunderbar geschmückt.**

Wo steckt nur der Weihnachtsschmuck?

Petronella hat eine ganze Truppe Heinzelmännchen eingeladen, die ihr helfen sollen, den Apfel fürs Weihnachtsfest in Ordnung zu bringen. Auf dem Bild verstecken sich die drei weihnachtlichen Fensteranhänger von der vorherigen Doppelseite. Findet ihr sie?

Köstliche Butterhupferl

Petronellas Schwestern haben
sich zu Besuch angekündigt und wünschen sich von der kleinen
Hexe wie jedes Mal eine neue Backkreation. Natürlich hat
Petronella schnell etwas gezaubert, ähm, gebacken!

Was ihr braucht:

~ für etwa 60 Stück ~

350 g Mehl
280 g weiche Butter
1 Ei
100 g Puderzucker
1 Päckchen Vanillezucker
1 Päckchen Puddingpulver
1 Teelöffel Backpulver

Zum Bestreuen:
1 Päckchen Vanillezucker
100 g Puderzucker

1. Mischt Mehl und Backpulver und siebt es über eine Arbeitsfläche oder in eine große Schüssel. Formt eine Mulde und fügt Butter, Ei, Puderzucker, Vanillezucker und Puddingpulver hinzu. Verknetet alles zu einem weichen Teig.

2. Stellt den Teig für eine halbe Stunde in den Kühlschrank. Zupft anschließend etwa 2 cm große Stücke vom Teig ab und formt Kugeln daraus.

3. Legt die Kugeln mit etwas Abstand zueinander auf ein mit Backpapier belegtes Backblech. Backt sie im vorgeheizten Ofen bei 150°C Umluft für etwa 20 Minuten.

Tipp:
Wenn ihr eure Hände mit etwas Mehl bestäubt, lassen sich die Kugeln leichter formen.

4. Vermischt Puderzucker und Vanillezucker. Lasst die Plätzchen einige Minuten abkühlen und wälzt sie anschließend, solange sie noch warm sind, im Zuckergemisch.

5. Sobald die Kugeln ausgekühlt sind, kann man sie erneut mit Puderzucker bestreuen.

Das verhexte Zahlenrätsel

Aller guten Dinge sind drei, doch vor lauter
Zahlen und Symbolen verlieren
Lea und Luis ein wenig den Überblick.
Könnt ihr dieses Rätsel lösen?

Bei diesem Rätsel entspricht jedes Symbol einer bestimmten Zahl. Ihr müsst herausfinden, welche Zahl den Symbolen zugeordnet werden muss, damit ihr die Rechnung lösen könnt. Viel Erfolg!

Tipp:
Denkt an die Regel: »Punkt vor Strich«!

🍪 x 🍪 = 16

🍪 + 🎅 = 17

🎄 : 🍪 = 6

🍪 x 🎅 − 🎄 = _____

Der Weihnachtsbaum

Ein paar Tage vor Heiligabend war es endlich so weit. Lea und Luis saßen gerade an ihren Hausaufgaben, als jemand an ihre Fensterscheibe klopfte. »Na, das wurde aber auch Zeit!«, sagte Luis und klappte sein Heft zu. Lea strahlte ebenfalls und stürzte zum Fenster. »Petronella!«, rief sie erfreut.

Die kleine Apfelhexe stand dick eingepackt im Garten und winkte ihnen zu. »Habt ihr Lust, einen Weihnachtsbaum für das Apfelhaus zu holen?«

»Natürlich!«, jubelten die Zwillinge. Auf diesen Tag hatten sie schon so lange gewartet.

»Gut. Dann kommt!«

In Windeseile sprangen die Kinder in ihre dicken Jacken und Hosen, setzten die Mützen auf und stiegen in ihre Stiefel. »Wir gehen kurz raus!«, rief Luis seiner Mutter zu, als sie an der Küche vorbeikamen. Und weg waren sie. Petronella wartete schon am Hühnerstall. Sie hatte einen Schlitten, zwei Spaten und eine Wolldecke dabei.

»Du bist ja gut ausgerüstet«, lachte Luis.

Petronella nickte. »Das ist alles, was ich brauche. Und nun kommt, damit wir zurück sind, bevor es dunkel wird.« Zu dritt gingen sie durch den verschneiten Garten. Der Mühlteich war längst zugefroren. Bommel, der alte Karpfen, und die anderen Fische hielten tief unten auf dem Grund des Mühlteichs Winterruhe. Und auch Frida und Fritz, die beiden Gänse, waren viel lieber in das Hühnerhaus gezogen, als sich auf dem Eis kalte Füße zu holen.

»Gehen wir in den Haspelwald?«, erkundigte sich Lea.

»Ja, genau«, antwortete Petronella. »Ich habe mich vor ein paar Tagen mit einer jungen Fichte unterhalten und alles Nötige mit ihr besprochen.«

»Fichten können sprechen?«, staunte Lea.

»Aber natürlich«, sagte Petronella. »Es ist allerdings eher ein leises Rauschen … und natürlich Zeichensprache. Die beherrschen die Bäume perfekt.«

»Und du? Beherrschst du die Baumsprache auch perfekt?«, wollte Luis wissen.

»Selbstverständlich. Schließlich bin ich eine Apfelbaumhexe. Fichten sind übrigens sehr geschwätzig.«

Lea kicherte. »Und die anderen Bäume? Erzählen die auch viel?«

»Das kommt darauf an«, erwiderte Petronella. »Eichen sind meistens knurrig. Sie machen nicht viele Worte und lieben die Stille.«

»Und die Apfelbäume?«, fragte Luis.

Petronella lächelte. »Das sind heitere Gesellen. Gerade deshalb mag ich sie so.«

Lea seufzte. »Ich wünschte, ich könnte auch mit Bäumen und Tieren sprechen.«

»Man kann es lernen«, meinte Petronella mit einem Augenzwinkern.

Der Haspelwald war ein geheimnisvoller Ort, in dem Feen, Trolle und Eichenrüblinge lebten. Dick verschneit standen die Baumriesen da, und ein paar Nussweiblein lieferten sich eine Schneeballschlacht. Als sie Petronella und die Kinder kommen sahen, versteckten sie sich blitzschnell hinter den Stämmen der Bäume. Die drei Freunde stapften eine Weile durch den tiefen Schnee, bis Petronella auf eine Lichtung zeigte, an deren Saum eine bezaubernde kleine Fichte stand. »Ihr müsst sie begrüßen«, forderte die Apfelhexe die Kinder auf.

Lea und Luis sahen sich an. »Guten Tag!«, sagten sie dann. Und Luis schüttelte der Fichte gleich einen Zweig.

»Sehr schön«, lobte Petronella. Dann wechselte sie ein paar geflüsterte Worte mit dem Bäumchen und schüttelte ihm vorsichtig den Schnee von den Zweigen. »Jetzt seid ihr dran!«, sagte sie und ließ sich auf den Schlitten plumpsen.

Die Zwillinge sahen sie verständnislos an. »Dran? Womit?«

»Mit dem Ausgraben. Die freundliche Fichte freut sich schon sehr darauf, das Weihnachtsfest mit uns zu verbringen.«

»Ist der Boden dafür nicht viel zu hart?«, fragte Luis.

»Ach was, es wird schon gehen«, antwortete Petronella – und sie behielt recht. Im Nu hatten Lea und Luis die Fichte ausgegraben. »Besser hätten es die Apfelmännchen auch nicht hinbekommen«, lobte die kleine Hexe und stand auf. Sie wickelte den Wurzelballen in die mitgebrachte Wolldecke, und mit vereinten Kräften hievten sie das Bäumchen auf den Schlitten. Die Zwillinge waren ganz schön ins Schwitzen gekommen.

»Das war anstrengend«, schnaufte Lea.

»Und wir müssen noch den ganzen Weg zurücklaufen«, seufzte Luis.

»Setzt euch zu der kleinen Fichte auf den Schlitten«, sagte Petronella. Das ließen sich die Kinder nicht zweimal sagen. Sobald sie Platz genommen hatten, zückte die Apfelhexe ihren Zauberstab, und wie von Geisterhand setzte sich der Schlitten in Bewegung. Erst vor ihrem Apfelbaum blieb er wieder stehen. »Jetzt müssen wir den Baum nur noch die Strickleiter hinauftragen!«, rief Petronella.

»Das wird bestimmt schwer«, überlegte Luis.

»Ach was. Lass das nur unsere Sorge sein.« Wie aus dem Nichts tauchten die Apfelmännchen neben ihnen auf, und im Handumdrehen schafften sie die Fichte über die Leiter nach oben.

»Vielen Dank, Freunde!«, strahlte Petronella in die Runde. Kurz darauf stand das Bäumchen ganz bequem in einem Pflanzkübel und ließ sich schmücken. Lea setzte kleine Strohsterne in seine Zweige, und Luis hängte winzige Weihnachtshexen hinein. Ganz zum Schluss trat Petronella an den Baum und blies glänzende Kugeln in ihre Zweige, die wie Seifenblasen aussahen. Staunend standen die Zwillinge davor. »Ist das schön«, flüsterte Lea.

»Ja«, nickte Petronella. »Jetzt kann der Weihnachtsabend kommen.«

Salzteig-
Baumschmuck

Selbst gebastelter Baumschmuck macht sich am Weihnachtsbaum im Müllerhaus besonders gut. Dieses Jahr wird der Schmuck allerdings in der Backstube der Kuchenbrands hergestellt. Lea und Luis wundern sich, wie das wohl funktioniert.

Was ihr braucht:

- 1 Tasse Wasser
- 1 Tasse Salz
- 2 Tassen Mehl
- 1 Teelöffel Öl
- Acrylfarbe
- Pinsel
- Ausstechförmchen
- Band zum Aufhängen

Und so geht's:

1. Gebt Wasser, Salz, Mehl und Öl in eine Schüssel und vermengt die Zutaten miteinander.

2. Nehmt den Salzteig aus der Schüssel und knetet ihn, bis er fest und formbar ist.

3. Rollt den Teig aus. Stecht nun mit Ausstechförmchen Motive aus.

4. Mithilfe eines Zahnstochers könnt ihr ein kleines Loch in eure Motive stechen.

5. Legt die Figuren auf ein mit Backpapier belegtes Blech und backt den Teig für etwa zwei Stunden bei 150°C Ober- und Unter

Tipp:
Solch selbst gemachter Schmuck für den Weihnachtsbaum ist auch ein tolles Geschenk!

hitze. Lasst eure Formen anschließend gut abkühlen.

6. Mit Acrylfarbe und vielleicht etwas Glitzer könnt ihr die Formen nach Lust und Laune anmalen und verzieren. Sobald die Farbe getrocknet ist, könnt ihr ein schönes Band durch die Löcher ziehen und den Baumschmuck aufhängen.

Kästchenwörter

Nun hat das Warten auf Heiligabend bald ein Ende!
Lucius versucht sich am folgenden Worträtsel – dann vergeht
die Zeit bis zur Bescherung noch etwas schneller.

Die leeren Kästchen wollen mit Buchstaben gefüllt werden. Die Lösungswörter stehen rechts
daneben. Jetzt müsst ihr noch herausfinden,
welches Wort in welche Zeile gehört.

Tipp:
Achtet auf die
Wortlänge und
die i-Punkte.

Geschenk

Plätzchen

Hexe

Winter

Schnee

Geschenk

Nikolaus

Kerze

Dichte dein eigenes Weihnachtsgedicht

Bei der Weihnachtsfeier in Petronellas Apfel wird zusammen gesungen, gegessen, gelacht. Und irgendwann trägt Apfelmann Gurkenhut dann ein Gedicht vor. Das hat er natürlich selbst gedichtet.

Wollt ihr eure Eltern am Heiligabend auch mit einem selbst geschriebenen Weihnachtsgedicht überraschen? Das ist gar nicht so schwer, wie ihr vielleicht denkt.

Bevor ihr mit dem Dichten loslegt, solltet ihr euch ein paar Dinge überlegen:

🍏 **Aus wie vielen Reimen (Zeilen) soll das Gedicht bestehen? Schon vier Reime ergeben ein tolles Gedicht.**

🍏 **Wie soll sich das Gedicht reimen? Hier habt ihr ver-schiedene Möglichkeiten: So können sich die ersten beiden Verse reimen und die letzten beiden (Reimschema aabb), schön klingt es auch, wenn sich der erste und der letzte Vers reimen und die beiden in der Mitte ebenfalls (abba).**

🍏 **Wenn ihr nun darauf achtet, dass euer Gedicht einen schönen Rhythmus hat, kann eigentlich gar nichts mehr schiefgehen.**

Tipp:
Falls euch noch eine Melodie dazu einfällt, wird aus eurem Gedicht vielleicht sogar ein Lied?

Kennt ihr das berühmte Gedicht »Lieber guter Weihnachts- mann«? Die erste Strophe könnt ihr euch hier durchlesen, vielleicht hilft euch das beim Dichten weiter:

Lieber guter Weihnachtsmann,
zieh die langen Stiefel an,
kämme deinen weißen Bart,
mach dich auf die Weihnachtsfahrt.

Für Fortgeschrittene:
Um die Sache noch ein bisschen spannender für euch zu machen, versucht doch einmal, die folgenden Begriffe in euer Gedicht einzubauen, die alle etwas mit Petronella Apfelmus zu tun haben: Apfel, Freund, Zauberei.

Hier ist Platz, damit ihr
euer Gedicht aufschreiben könnt:

_____

_____

_____

_____

_____

_____

_____

_____

Schmück deinen Weihnachtsbaum

Bald ist Heiligabend da und abends soll der festlich geschmückte Weihnachtsbaum erstrahlen. Hier steht bereits der Baum – und wartet darauf, von euch mit Kugeln, Anhängern etc. geschmückt zu werden. Eurer Fantasie sind dabei keine Grenzen gesetzt. Also: Holt die Buntstifte raus ...

Leckeres
Berliner Brot

*Im Müllerhaus kehrt langsam
Ruhe ein und Familie Kuchenbrand vertreibt
sich die letzten Stunden bis Weihnachten mit
ihrer Lieblingsbeschäftigung: Backen!*

250 ml Milch
5 Esslöffel Öl
500 g Mehl
350 g Zucker
1 Teelöffel Zimt
2 Teelöffel Backpulver
3 Esslöffel Kakaopulver
400 g ganze Haselnüsse

Und so geht's:

1. Gebt die Milch in eine Rührschüssel und fügt das Öl hinzu.

2. Vermischt Mehl, Zucker, Zimt, Backpulver und Kakaopulver miteinander, fügt es zur Milch-Öl-Mischung hinzu und verrührt alles zu einem glatten Teig. Es ist nicht schlimm, wenn er etwas zäh ist.

3. Nun gebt ihr die Masse auf ein eingefettetes Backblech und verteilt die Haselnüsse darauf. Drückt sie dabei ein wenig in den Teig.

4. Backt den Kuchen bei 160°C Ober- und Unterhitze für ca. 40 Minuten.

5. Ein Erwachsener sollte den Kuchen anschließend vorsichtig vom Blech lösen und sofort in kleine Stücke schneiden.

Ein großes Festessen in Polen

Den Heiligen Abend begeht man in Polen traditionell mit einem großen Familienessen. Sobald der erste Stern am Himmel zu sehen ist, beginnt das Fest, bei dem insgesamt zwölf Gänge serviert werden. Die Zahl Zwölf steht dabei für die Zahl von Jesus Aposteln. Bevor man mit dem Essen beginnt, erhält jeder eine Weihnachtsoblate, ein dünnes, knuspriges Gebäck aus Wasser, Mehl und Stärke, das mit Darstellungen von Jesus und Maria oder dem Christkind verziert ist. Man bricht sich ein Stück von den Oblaten der anderen Familienmitglieder ab und wünscht sich dabei viel Glück und Segen für das nächste Jahr.

Wesołych świąt!

Beim Festessen selbst gibt es immer ein zusätzliches Gedeck, das auf dem Tisch steht. Dieses steht bereit, falls ein Bedürftiger an die Tür klopft und am Essen teilnehmen möchte. Auf diese Weise gedenkt man auch Maria und Josef auf ihrer Suche nach einer Herberge. In vielen Familien liegen unter den Tellern oder der Tischdecke Geldstücke, die vor Armut im kommenden Jahr schützen sollen. Die Geschenke bringt übrigens der Sternenmann, dessen Helfer die Sternenjungen sind.

Kinderleichte

Backtipps

Petronella hat einige hilfreiche
Backtipps für euch zusammengestellt. Damit gelingt
jeder Kuchen und jedes Plätzchen bestimmt.

● Eier trennen

Das ist eine wirklich knifflige Angelegenheit:

1) Schlagt zuerst die Schale vorsichtig in der Mitte auf, indem ihr das Ei leicht an den Rand einer Schüssel schlagt. Achtet darauf, dass das Eigelb unversehrt in der Schale bleibt.

2) In der einen Hälfte sollte nun das unversehrte Eigelb sein, in der anderen Hälfte ist vielleicht noch etwas Eiweiß. Lasst dieses Eiweiß abtropfen. Tipp: Am besten fangt ihr das Eiweiß in einem Behälter auf, daraus könnt ihr später nämlich noch Eischnee oder Baiser herstellen.

3) Nun müsst ihr das Eigelb vorsichtig von der einen Schalenhälfte zur anderen gleiten lassen, damit das Eiweiß unter dem Eigelb abfließen kann. Dabei ist ein wenig Geschick nötig. Achtet außerdem darauf, dass das Eigelb nicht an den Kanten der Schale aufbricht.

4) Lasst das Eigelb noch ein- oder zweimal zwischen den beiden Schalenhälften hin und her gleiten, bis kaum noch Eiweiß vorhanden ist. Dann könnt ihr das Eigelb in eine andere Schüssel geben.

● Schoko-Wasserbad

Schokolade muss man im Wasserbad schmelzen, da sie sonst anbrennt:

1) Nehmt zwei Edelstahltöpfe zur Hand. Der kleinere sollte so in den größeren passen, dass die Henkel auf dem Rand hängen. Alternativ könnt ihr eine Aluminiumschale nutzen, die in den

Topf passt, ohne hineinzufallen oder auf den Boden zu stoßen.

2) Gebt etwa so viel Wasser in den großen Topf, dass der Boden des kleineren Behältnisses das

Wasser leicht verdrängt. Dort gebt ihr die Schokolade hinein.

3) Erhitzt die Herdplatte auf mittlere Stufe und lasst die Schokolade langsam schmelzen.

Achtet darauf, dass das Wasser nicht zu stark kocht. Stellt in diesem Fall die Hitze etwas runter. Wichtig: Es darf kein Wasser in die Schokolade gelangen.

• Backen mit Umluft oder Ober- und Unterhitze

In Petronellas Rezepten wird meistens die Temperatur für Ober- und Unterhitze angegeben. Es gibt aber auch die Möglichkeit, mit Umluft zu backen. Dafür müsst ihr die Temperatur etwa 20-30° niedriger stellen (meistens backt man mit Umluft bei 180°C). Außerdem dürft ihr euer Gebäck nur halb so lange backen. Andersherum gilt: Bei Ober- und Unterhitze brauchen Backwaren etwas länger und müssen heißer gebacken werden. Für viele Plätzchen lohnt sich Umluft, da ihr so mehrere Bleche gleichzeitig backen könnt.

• Klebriger Teig

Bei Rezepten, die viel weiche Butter enthalten, wird der Teig beim Kneten klebrig. In diesem Fall könnt ihr ihn zu einer Kugel oder einer langen Rolle formen und in Frischhaltefolie einwickeln. Legt ihn für eine halbe Stunde in den Kühlschrank. Wenn ihr anschließend etwas Mehl auf die Arbeitsfläche streut, sollte sich der Teig besser ausrollen lassen. Übrigens hilft es auch gegen zu klebrige Hände beim Kneten, wenn ihr sie mit etwas Mehl bestreut.

»Angenehm, Beerenschuh!« »Ich heiße Kernbeißer.« »Und ich bin Butterflöckchen«, stellte sich nun einer nach dem anderen vor.

»Moment, Moment!«, fiel Gurkenhut seinen Verwandten ins Wort. »Niemand kann sich so viele Namen merken. Lasst uns zuerst zum Schneehaus gehen, das wir extra für heute Abend gebaut haben. Dort können wir uns ungestört unterhalten.«

Leise folgte die Gesellschaft Gurkenhut in den hinteren Teil des Gartens. Lea und Luis warteten auf Petronella und schlossen sich ihnen dann an. Es war wie im Märchen, durch den verschneiten Garten zu wandern, während die Sterne über ihnen funkelten. Dann bogen sie um die Brombeerhecke und blieben erstaunt stehen. Die Apfelmännchen hatten auf dem Platz vor ihren Häusern Fackeln in den Schnee gesteckt. Ein Lagerfeuer knisterte, und darüber hing ein schwarzer Topf, aus dem es ganz verlockend duftete. Doch das Allerschönste war das Schneehaus, das die Apfelmännchen gebaut hatten. Es sah aus wie ein Iglu und hatte eine kleine runde Tür, hinter der ein freundliches Licht leuchtete. »Wie schön! Hoffentlich passen wir da rein«, flüsterte Lea.

»Dafür werde ich schon sorgen«, lächelte Petronella.

»Guck mal!« Luis deutete auf eine Wäscheleine, die die Apfelmänner zwischen zwei Bäumen gespannt hatten. Sie hing voll mit Geschenken.

»Ob ich unsere Geschenke dazuhängen darf?«, fragte Lea.

»Aber sicher!«, summte Lucius, der sich dazugesellt hatte.

Da trat Gurkenhut in die Mitte. »Frohe Weihnachten, wünsche ich euch allen!«, rief er. »Ich freue mich sehr, mit euch zusammen zu sein.«

»Ja, frohe Weihnachten!«, riefen die anderen vergnügt. Beerenschuh zog eine kleine Flöte heraus und begann darauf zu spielen. Im Nu tanzte die ganze Gesellschaft fröhlich um das kleine Feuer herum, bis sie müde und hungrig waren. Und als später auch noch dicke Flocken vom Himmel fielen, rückten sie im Schneehaus ganz dicht zusammen und aßen, lachten und redeten so lange, bis ihnen beinahe die Augen zufielen.

Da wurde ein Fenster geöffnet, und die Apfelhexe winkte ihnen zu. »Es gibt ein Missverständnis!«, rief sie. »Wartet unten auf mich.«

Verwundert kletterten die Zwillinge wieder hinunter. Sie waren schon fast angekommen, als sie von den Apfelmännchen überholt wurden. Eins nach dem anderen rutschte am Stamm des Apfelbaums herunter. »Huch!«, rief Lea erschrocken. Sofort verschmolzen die dünnen Wesen mit der Rinde des Baums und verhielten sich ganz still. Die Kinder hüpften von der Leiter.

»Ihr könnt euch ruhig bewegen. Wir wissen, dass ihr da seid!«, lachte Lea.

Da tauchte Spargelzahn neben ihnen auf. »Sehr peinlich«, gestand er. »Wir haben unsere Verwandten eingeladen, aber Petronellas Apfelbaum als Adresse angegeben. Und jetzt stehen alle vor ihrer Tür.«

»Das sind eure Verwandten?«, rief Lea entzückt. Spargelzahn nickte.

»Haben sie Angst vor uns?«, fragte Luis.

»Nein!«, antwortete Spargelzahn empört. »Wie kommst du denn darauf?«

»Und warum verstecken sie sich dann vor uns?«

»Sie verstecken sich nicht, sie tarnen sich bloß«, erwiderte Spargelzahn und klatschte in die Hände. »Ihr könnt rauskommen, Leute! Die Kinder sind gute Freunde von uns.«

Sofort lösten sich die Apfelmännchen von der Rinde des Baums und sprangen neben den Zwillingen in den Schnee. »Sehr erfreut!«, grüßte ein älterer Herr, dessen Rinde schon ganz blank war. »Ich heiße Zapfenbart und bin Spargelzahns Großvater.«

»Sehr erfreut!«, riefen die Kinder und machten eine Verbeugung.

»Na, dann stelle ich mich auch gleich vor. Mein Name ist Möhrenblüte. Ich bin Karottenwams Schwester. Ein Apfelweiblein!«

Neugierig sahen die Kinder Möhrenblüte an. Es war das erste Mal, dass sie ein Apfelweiblein sahen. Sie sah ihren Brüdern sehr ähnlich.

Das Weihnachtsfest

»Was haben wir für ein Glück, dass wir hier leben und nicht woanders«, meinte Luis, als sie sich an Heiligabend mit ihren Geschenken in ihr Zimmer verkrümelten. »Schließlich können wir nicht nur einmal, sondern gleich zweimal feiern.«

Lea nickte. Auch sie freute sich schon sehr auf die Weihnachtsfeier der Apfelmännchen. Schnell schlüpfte sie in ihre Winterjacke und holte unter ihrem Bett die Weihnachtswichtel hervor, die Luis und sie für ihre Freunde gebastelt hatten. Die Körper der Wichtel waren aus leeren Klorollen gemacht, aber bunt bemalt, mit angeklebten Bärten und einer Wichtelmütze aus Tonpapier sah man ihnen das nicht an. Außerdem konnte man ihre Bäuche mit bunten Schokokugeln füllen. Lea verstaute die Weihnachtswichtel in ihrem Jutebeutel und wickelte sich einen Schal um den Hals. »Von mir aus können wir los«, sagte sie.

Luis warf einen letzten Blick auf die Legopackung, die unterm Weihnachtsbaum gelegen hatte, und zog sich ebenfalls an. Beim Rausgehen steckten sie kurz die Köpfe ins Wohnzimmer. »Wir gehen eben raus.«

»Okay, aber bleibt im Garten!«, rief ihre Mutter.

Lea und Luis grinsten sich an. »Machen wir!«

So schnell sie konnten liefen die Zwillinge zu Petronellas Apfelbaum und kletterten die magische Strickleiter hinauf. Plötzlich blieb Lea stehen. »Was ist? Warum gehst du nicht weiter?«, fragte Luis hinter ihr.

»Ich kann nicht«, antwortete Lea. »Alles ist voller Apfelmännchen.«

»Dann sag Spargelzahn, dass sie kurz Platz machen sollen«, sagte Luis.

»Es sind fremde Apfelmännchen«, zischelte Lea.

»Was?« Ihr Bruder reckte den Hals. Tatsächlich. Vor Petronellas Haus standen so viele Apfelmännchen, dass sie gar nicht alle hineinpassten.

Teil 1

Auflösungen

*Achtung: Hinter dieser Seite
findet ihr die Auflösungen aller Rätsel vom
2. bis zum 10. Dezember!*

2. Dezember

Das verhexte Zahlenrätsel

$$\text{🫐} (5) + \text{🐞} (3) + \text{🐸} (7) = 15$$

---

4. Dezember

Das geheimnisvolle Runenalphabet

EENE, MEENE HEXENBESEN,

TANNENBAUM UND WÜNSCHE LESEN,

KERZENDUFT UND WINTERWALD,

WEIHNACHTEN SEI HIER GANZ BALD!

Suchbild

---

5. Dezember

Was versteckt sich hier?

EIN TANNENBAUM

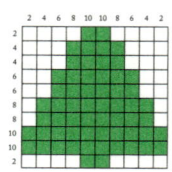

8. Dezember

Kreuzworträtsel

```
                                      8.
                                      W
                        10.           U
                        G             N
 5. S C H N E E M A N N               S
                        S             C
                        C             H
 6.        7. W I C H T E L           Z
   E          H                       E
   N          E                       T
   G          N            1.         T
   E          K            S          E
 4. P L Ä T Z C H E N                 L
                           H
 2. N I K O L A U S
                           I
             9. M I S T E L Z W E I G
                           T
                           E
 3. A D V E N T S K R A N Z
```

---

9. Dezember

Das geheimnisvolle Runenalphabet

LIRUM, LARUM LICHTERKETTE,

BUNTE KUGELN, GROSSE, FETTE,

LANGE WARTEN MACHT VERRÜCKT,

TANNENBAUM SEI FIX GESCHMÜCKT!

---

10. Dezember

Das verhexte Zahlenrätsel

 (4) + ❄ (6) − 🧙 (2) = 8

Teil 2

Auflösungen

*Achtung: Hinter dieser Seite
findet ihr die Auflösungen aller Rätsel vom
12. bis zum 21. Dezember!*

12. Dezember

Das Wichtel-Labyrinth

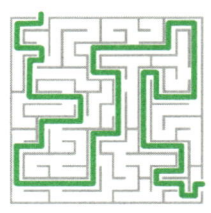

14. Dezember

Was versteckt sich hier?

EINE SCHNEEFLOCKE

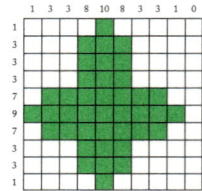

15. Dezember

Der rätselhafte Buchstabensalat

```
M V R W A P F E L B A U M
Q W O G E E K U H S H X O
R W Q G O T X Y I D E F H
E M N Q K R A M C W I D Y
L J D V D O K O B Z L F Y
K E K S P N L B M N I J K
W I C H T E L A V R G P E
D V C Q L L M C Q Y A O R
B A S T E L N K N B B N Z
Y K Q T O A B E I Q E A E
N G E S C H E N K O N Q N
Y A D I W U X Z Q A D P C
S I N G E N M G A B U B P
```

17. Dezember

Das geheimnisvolle Runenalphabet

KURZE TAGE, LANGE NÄCHTE,

UND IM DUNKELN FINSTRE MÄCHTE,

KLEINE KERZE BRENNE FEIN,

BRINGE LICHT INS HAUS HINEIN!

18. Dezember

Wo steckt nur der Weihnachts- schmuck?

---

19. Dezember

Das verhexte Zahlenrätsel

🎎 (4) × 🎅 (13) − 🎄 (24) = 28

---

21. Dezember

Kästchenwörter

Nikolaus

Schnee

Hexe

Kerze

Plätzchen

Winter

Originalausgabe

Copyright © 2019: by Bastei Lübbe AG, Köln

Umschlaggestaltung: Christina Krutz
unter Verwendung einer Illustration von © SaBine Büchner
Illustrationen: SaBine Büchner
Bilder im Innenteil: S. 30 © shutterstock/almaje, S. 86 © shutterstock/Rustle
Texte: Jennifer Gomber
Lektorat: Linde Müller-Siepen
Gesamtgestaltung und Satz: Christina Krutz, Biebesheim am Rhein
Gesetzt aus der Adobe Caslon Pro und der Kitsu XD
Druck und Einband: CPI books GmbH, Leck -Germany

Printed in Germany
ISBN 978-3-414-82547-6

6 8 10 9 7

Sie finden uns im Internet unter: luebbe.de